Made in the USA
Las Vegas, NV
29 July 2024

93101850R00111